AF298689

RAPPORT INDICATIF

DES

PRINCIPALES MINES

DE L'ITALIE

POUR SERVIR DE BASE D'APPRÉCIATION ET DE COMPARAISON

A MESSIEURS LES FONDATEURS

DE LA

SOCIÉTÉ GÉNÉRALE DE CRÉDIT MINIER EN ITALIE

MARSEILLE

TYPOGRAPHIE ET LITHOGRAPHIE CAYER ET Cᵉ

RUE SAINT-FERRÉOL, 57

1869

RAPPORT INDICATIF

DES

PRINCIPALES MINES

DE L'ITALIE

POUR SERVIR DE BASE D'APPRÉCIATION ET DE COMPARAISON

A MESSIEURS LES FONDATEURS

DE LA

SOCIÉTÉ GÉNÉRALE DE CRÉDIT MINIER EN ITALIE

MARSEILLE

TYPOGRAPHIE ET LITHOGRAPHIE CAYER ET C°

RUE SAINT-FERRÉOL, 57

1869.

PROGRAMME

L'Italie est riche en mines ; elle pourrait faci-
lement s'affranchir de payer aux nations étrangè-
res les sommes considérables qui, chaque année,
sortent du pays pour solder l'achat des métaux
employés dans son commerce et ses manufactu-
res. Elle pourrait, sous ce rapport, mettre un
terme au *disavvanzo* qui la dévore.

Il ne faudrait, pour déterminer un changement
complet dans cet état de choses et préparer un
brillant avenir à l'industrie minière en Italie,
qu'organiser une Société puissante capable de
donner suite aux plans d'exploitation médités
par de bons ingénieurs, surtout en n'employant
que des hommes pratiques, mûris par l'expé-
rience. Car, il faut le faire observer, c'est moins

encore à la modicité du capital ordinairement appliqué à l'exploitation, qu'aux fautes des ingénieurs dirigeants que l'on a dû attribuer, jusqu'à présent, le peu de succès qu'ont obtenus les entrepreneurs de mines.

Effectivement, une exploitation conduite avec des moyens trop limités, ne peut faire espérer qu'un résultat presque nul, puisqu'il est avéré qu'il n'est guère possible d'obtenir du minerai compacte et abondant, que lorsque les travaux sont arrivés à de certaines distances des affleurements qui avaient indiqué la présence de ce minerai.

Or, pour exécuter de tels travaux et surmonter les vicissitudes qu'ils entraînent, il faut avoir la disposition d'un capital suffisant; alors on a la certitude de continuer l'entreprise jusqu'au point où la condition et la qualité du gîte métallifère permettent l'extraction d'un minerai dont la vente ou le traitement rationnel puisse donner des profits. De là vient la nécessité de fonder la présente Société.

Organisation du Crédit.

D'un autre côté, comme le monopole n'est plus, à notre époque, une garantie de prospérité, et que les sciences économiques nous ont appris qu'une concurrence légitime, basée sur la liberté du commerce et de l'industrie, est le meilleur moyen d'arriver à des résultats publics et privés satisfaisants, la mission de cette même Société puissante sera aussi de consacrer une partie de son capital à organiser ou à favoriser cette concurrence, en ouvrant des crédits, *sur garanties,* aux cultivateurs de mines et aux fondateurs d'établissements pour le traitement des minerais.

Si l'ouverture de ce genre de crédits était convenablement régularisée, rien ne serait plus utile, tant à la Société nouvelle qu'à l'industrie minière. Les prêts seraient faits comme placements hypothécaires ou chirographaires, suivant les circonstances, ou comme ventes à réméré. Dès qu'un placement hypothécaire serait effectué pour dix ans, par exemple, la Société, en vertu de provisions à introduire dans ses statuts, pourrait remettre des obligations portant intérêt et remboursables aussi dans dix ans, avec ou sans prime, de façon à pourvoir ainsi au renouvellement du capital prêté, et à la multiplicatiou des opérations de la Société.

Lorsqu'il s'agirait de prêts chirographaires, ils seraient faits toujours sur la garantie de trois signatures et pour 6, 12 ou 18 mois, avec les formes nécessaires pour en faire des valeurs négociables et facilement recouvrables. Ils pourraient être remboursés par voie d'à-compte mensuel ou trimestriel suivant les circonstances de chaque mine, et les valeurs ainsi créées pourraient être renouvelées, selon l'opportunité.

La Société recevrait également les dépots que les personnes attachées à l'industrie minière voudraient lui faire. Elle paierait aux déposants un intérêt à raison de 5 % par an du montant de

Dépots.

leurs dépôts, lesquels ne pourraient être retirés qu'après un préavis de 15 jours. Tout dépôt s'élevant à 500 fr. donnerait droit au déposant à une préférence pour obtenir une action de la Société, lors de toute émission nouvelle. Ces diverses opérations qui compléteraient la série des services que la Société rendrait à l'industrie des mines, constitueraient une branche spéciale dont les profits nets seraient employés à l'accroissement progressif de l'intérêt normal et primitif de 5 % stipulé en faveur des actions.

Ces profits seraient portés à un compte spécial dit d'accroissement qui fonctionnerait d'une manière diamétralement inverse des comptes institués pour l'amortissement. Il y aurait analogie avec ce qu'on appelle le *boni* des assurances sur la vie.

Il est facile de se rendre compte que cet intérêt progressif mettrait les actions de la Société bien au-dessus de toutes les autres, même au-dessus de la rente, et ferait rechercher avidement ces actions.

Sociétés filiales. Mais une Société de Crédit Minier, comme celle qu'il est question de créer, devra, en outre, réserver dans ses statuts les pouvoirs les plus étendus, pour constituer sous ses auspices (avec ou sans sa participation directe) ou pour favoriser la formation d'autres Sociétés, ayant pour but d'acquérir et d'exploiter des mines reconnues bonnes, qu'elle serait disposée à revendre ou à céder, suivant des conditions à débattre de gré à gré. De cette manière, la Société serait toujours assurée de rentrer dans une partie du premier capital, et de contribuer à attirer dans le royaume les capitaux étrangers pour y développer l'industrie minière dans la plus grande proportion possible.

Les fondateurs de la Société de Crédit minier en Italie, accompliront ainsi une œuvre qui, en peu d'années, sera féconde en résultats heureux pour le pays et pour les actionnaires; car on ne doit pas oublier que les opérations de la Société s'étendront non seulement aux mines métallifères, telles que les mines d'or, d'argent, de cuivre, de plomb, de nickel et de cobalt, mais comprendront encore les gisements de sel, de soufre, de schistes bitumineux, dont certaines parties de l'Italie et de la Vénétie sont abondamment pourvues.

C'est ici l'occasion de donner quelques détails statistiques sur ces différentes mines.

Mines de Plomb.

Il faut placer l'île de Sardaigne au premier rang de la production du plomb. M. le chevalier Marchese, dans un écrit qui constate la production, pendant les années 1856 à 1860, de 14 mines, parmi lesquelles celles de Montevecchio et de Monteponi, dans l'arrondissement d'Iglesias, dit que cette production s'est élevée à 43,580 tonnes de minerai, contenant en moyenne environ

Statistique.

70 pour cent de plomb, et une proportion d'argent qui, pour la mine de Montevecchio, a été de 55 grammes, et pour celle de Monteponi de 15 grammes par quintal métrique de minerai.

Quant aux mines de plomb du continent Italien, elles ont été peu développées jusqu'ici et demandent que des mineurs courageux viennent leur donner une nouvelle vie.

La cherté du combustible dans les diverses provinces et la difficulté des transports, ont causé jusqu'à présent beaucoup de découragement dans l'esprit des personnes qui auraient été disposées à l'exploitation de ces mines. Aussi avons-nous à constater seulement :

Exploitations des Mines de Plomb.

1° Celle de la mine du Bossino, la plus riche de toutes en argent, puisqu'elle produit jusqu'à 500 grammes d'argent par quintal de plomb d'œuvre.

2° La mine de Tenda, dont nous reparlerons ci-après, et dont la galène contient 70 pour cent de plomb, et 50 grammes d'argent, par quintal de plomb.

3° Viennent ensuite les mines de Brusimpiano, Brovello, d'Argogna. Dans la première de ces mines, des travaux considérables ont été faits et l'on obtient de bon minerai qui, après une préparation bien entendue, faite près de la mine, fournit un schlich riche, en moyenne, de 700 kilogrammes de plomb, et de 500 grammes d'argent, par tonne. Quant aux mines de Brovello et d'Argogna, elles sont en cours de travaux préparatoires, et paraissent devenir bonnes.

Maintenant, il convient de citer les mines de plomb plus ou moins argentifères existant dans la Valsassina, province de Como. Ces mines, reconnues et ouvertes par les soins de deux ingénieurs civils des mines, praticiens distingués, ont produit déjà d'heureux résultats.

Les mines de Ballabio et de Laorca offrent à l'observateur de larges colonnes de galène pure d'une teneur de 690 kilogrammes de plomb, avec 150 grammes d'argent, par tonne. Ces colonnes peuvent être considérées comme des masses minérales, capables de fournir d'énormes quantités dé métal. Plus avant dans la Valsassina, se trouvent les mines de Valrossiga, de Cortenova et de Crandola, dont la galène à grains fins se présente d'une extraction facile et contient une proportion notable d'argent, c'est-à-dire 1500 à 1700 grammes, et plus 750 kilogrammes de plomb par tonne de minerai. Dès la première année, il a été vendu pour environ 40,000 fr. de ces minerais convertis en schlich, sur les bords de la Pioverna, dans un établissement de préparation, construit à peu de frais par les soins des ingénieurs ci-dessus.

Toutes ces mines prendraient un développement qui les rendrait dignes de rivaliser avec celles de la Sardaigne ou de l'Angleterre, si elles étaient exploitées avec des capitaux suffisants. Peut-être, grâce aux combinaisons financières et aux facilités que la Société de Crédit minier pourra offrir aux Sociétés propriétaires de ces

*

mines, pourront-elles arriver à la prospérité qu'elles comportent en elles-mêmes.

Mines de Cuivre.

Aosta.

La vallée d'Aosta, la Toscane, la Ligurie orientale, les Apennins et le Piémont, sont les parties de l'Italie où se rencontre le minerai de cuivre.

Dans la vallée d'Aosta, les mines de Saint-Marcel, d'Ollomont (dite de St-Jean) et de la Balme, sont seules dignes d'être mentionnées. Sur la mine de Saint-Marcel, la Société l'*Exploratrice*, constituée en 1854, fit de grands travaux et employa, en 1860, un capital considérable à établir des usines près du village de Saint-Marcel, pour le lavage des minerais extraits. Après cette préparation, les schlichs provenant d'un minerai qui, originairement, n'avait que 3 pour cent de teneur, étaient soumis à une fusion grossière dans un petit four à manche ; les masses qui en résultaient étaient envoyées à Donnaz, à une distance de 35 kilomètres, où l'on expédiait aussi en nature les portions de minerai qui s'étaient trouvées plus riches que la moyenne de 3 pour cent. D'un autre côté, le combustible était à un prix très élevé, d'autant plus que le coke dont on se servait avait à franchir de Gênes à Ivrea 220 kilomètres, et 29 d'Ivrea à la fonderie. Ces conditions étaient fatales, et en 1861 la Société l'*Exploratrice* dut cesser ses opérations.

L'industrie minière ne doit pas être rendue responsable de ces erreurs, attribuables soit à l'irréflexion, soit à l'intérêt personnel.

Aujourd'hni, d'ailleurs, la méthode privilégiée dont nous parlons ci-après, et dont nous sommes les inventeurs, suffirait pour faire disparaître tous les inconvénients résultant de la cherté du combustible.

La mine d'Ollomont, dans laquelle on avait laissé pénétrer les eaux pendant de longues années, vient d'être reprise par une Société belge, dont tout porte à croire que les efforts seront couronnés de succès.

En Piémont, les mines de Mezzenile (cuivre allié au nickel), de Vandigliana-Valprato (cuivre allié à l'or), de Miggiandone (pyrite cuivreuse) et d'Antronapiana (cuivre aurifère), sont les plus remarquables. *Piémont.*

Nous parlerons plus en détail ci-après des mines de Mezzenile, de Valprato et d'Antronopiana. Quant à celle de Miggiandone, elle a été travaillée depuis l'année 1857, avec un succès toujours croissant. Le minerai trié et le schlich résultant de la préparation du minerai brut, de manière à le porter à une richesse moyenne de 7 pour cent, sont envoyés en Angleterre, où la vente en est faite à bon prix. Les expéditions annuelles s'élèvent à environ 600 tonnes. Cette mine est donc bonne par elle-même et si ses produits étaient traités dans la vallée même de la Toce, au moyen de la méthode privilégiée *Miggiandone.*

mentionnée ci-dessus, les revenus dont elle est la source seraient bien plus considérables, car les frais de transport absorbent une portion notable des bénéfices de cette exploitation.

Nibbio.

En face de la mine Miggiandone, se trouve aujourd'hui une mine dont les produits seraient considérables, si elle était bien travaillée: c'est celle dite de Nibbio, appartenant à une Société de négociants Milanais, qui, faute de capitaux suffisants, ne l'exploite pas.

C'est une mine précieuse dont la nouvelle Société devrait s'emparer pour établir le mode de traitement par notre système mixte des minerais de cuivre et de nickel, métal dont cette mine abonde.

En Toscane, dans les montagnes serpentineuses de l'Italie centrale, se trouvent de très beaux minerais de [cuivre. Par exemple, ceux provenant des mines de Montecatini et de Casali, dans la Valpetronia, ceux de Quercetto dans la vallée de Cecina, de Monticino, de Sangemignano et ceux de Monte-Loreto, en Ligurie.

Casali.

La mine de Casali, offre des veines de carbonates de cuivre verts et bleus, dont on peut extraire environ 16 pour cent de cuivre. Elle fut découverte par M. Vannoni, qui, d'une excavation de 2500 mètres superficiels, a obtenu 200 tonnes de minerai, d'une teneur de 16 pour cent, vendues 64,000 francs.

Montecatini.

La mine de Montecatini, se trouve dans la

montagne de Caporciano, à 13 kilomètres de Voldena, à une élévation de 450 mètres au-dessus du niveau de la mer.

Les premiers travaux que l'on y fit remontent au temps de Cosme de Médicis.

En 1827, l'exploitation, qui avait cessé depuis 1670, fut reprise, et un puits principal fut foncé pour servir à la mise au jour des minerais provenant de six différentes galeries. Près de la mine, on a construit une grande laverie, et à Briglia, dans la vallée de Bisenzio, on fait fondre les minerais pauvres pour en faire des mattes.

La mine de Montecatini a produit, en 30 ans, 29,019 tonnes de minerai à 30 pour cent de teneur, c'est-à-dire pour une valeur de 17 millions 400 mille francs de minerais !

La mine dite de Capanne-Vecchie, province de Grossetto, a été exploitée avec activité, mais son minerai se trouvant accompagné de blende et de sulfure d'antimoine, était d'un traitement si difficile, que MM. Bechi et Haupt inventèrent, pour le reduire, le procédé de chloruration qui porte leur nom. Mais leurs efforts n'ont pas suffi à donner assez de bénéfices et les travaux ont été suspendus.

L'application de la méthode privilégiée pourrait rendre la vie à cette exploitation. C'est une affaire pour l'avenir.

Outre les mines de cuivre dont nous venons de parler, il y en a beaucoup d'autres appartenant à de petits propriétaires, et il serait facile de s'en emparer à des conditions extrêmement avantageuses, du moment où une Société puissante offrirait d'acheter le minerai au comptant; et établirait sur ces différentes mines la méthode privilégiée.

Mines de Nickel.

Les mines de ce métal si recherché sont vraiment très rares, dès qu'il s'agit de trouver un minerai d'une teneur au-dessus de 1 pour cent de nickel.

Mezzenile.

C'est précisement ce qui rend si précieuse la mine de Mezzenile, province de Turin, dont nous parlerons ci-après ,comme l'une des mines les plus considérables à acquérir par une Société importante.

Elle est appelée à obtenir un succès plus grand encore que la célèbre mine de Locarno (vallée de la Sesia), qui a produit 5,823,000 kilogrammes de minerai contenant 4,63 pour cent de nickel, qui ont rapporté à la Société Bischoffsheim, Goldschmidt et Cie plus de 2,600,000 francs de bénéfice net.

Ces bénéfices auraient été bien plus grands si, au lieu de fondre le minerai à Varallo, de manière à le convertir en mattes destinées à être raffinées au Valbenoît, près de Liège, en

Belgique, ce qui entraînait des frais considérables, on eût pu appliquer un système de réduction semblable à la méthode privilégiée de traitement des minerais de nickel cuprifère et aurifère.

La mine de Vandigliana-Valprato (cuivre au-rifère) se présente dans des conditions exceptionnelles. Par sa nature qui se compose de deux énormes couches métallifères superposées l'une à l'autre, et d'une troisième couche de cuivre nickelifère, on peut y exploiter autant de minerai qu'on le désirera. La seule limite de sa production, est dans le plus ou moins de fonds dont on peut disposer pour le paiement des frais d'exploitation et pour les transports de mine-rai, et, comme la Société de Crédit Minier n'est point soumise à cette étroite limite, la mine de Valprato peut, en quelques années, arriver à fournir annuellement autant de minerai de cuivre que la fameuse mine de Monteponi fournit de minerai de plomb.

Vandigliana-Valprato

Mines d'Or.

Les mines de Pestarena , des Cani, de Val-Toppa, toutes situées dans la vallée d'Ossola, et dans les entrailles du Monte-Rosa, sont les plus remarquables de l'Italie pour la production de l'or.

Des compagnies anglaises n'ont pas hésité à

s'en emparer, même en les payant à de très-hauts prix.

Pestarena.

Celle de Pestarena mérite une mention particulière, en ce qu'elle démontre le courage des propriétaires qui, pour recouper à 200 mètres de profondeur les filons aurifères, connus jusqu'à présent par le moyen d'un puits de 170 mètres de profondeur creusé par leurs soins, n'ont pas hésité à entreprendre une galerie qui devra être poussée jusqu'à 2000 mètres de longueur.

Le minerai, qui est une pyrite de fer arsenicale, contient 50 grammes d'or en moyenne au titre de $^{750}/_{1000}$ par tonne.

Vallanzasca.

Dans la mine des Cani, situé dans la Vallanzasca, le minerai est un polysulfure de fer, de cuivre, de plomb et d'arsenic, mêlé de paillettes d'or, invisibles à l'œil nu. Le contenu en or de ce minerai varie de 15 à 550 grammes par tonne.

De nouveaux moulins viennent d'être établis dans l'ancienne usine, dite des Cani, par une société anglaise. On attend de bons résultats de cette innovation.

Cette mine a été ouverte dès l'année 1750, puis quelques années après fut abandonnée jusqu'en 1814. On y recueillit en moyenne, jusqu'en 1819, 70 tonnes de minerai, qui, soumis au moulinage, rendirent 4000 grammes d'or. De 1840 à 1862, on traita 9863 tonnes de minerai qui rendirent 334,478 grammes d'or au titre de $^{850}/_{1000}$ de fin, représentant une valeur de 953,262 fr.

Les frais d'amalgamation s'élevant à 11 fr. 50, ceux d'extraction et de transport à 35 fr. 50, soit ensemble 47 francs, tandis que la valeur de l'or contenue dans la tonne de minerai est de 95 fr., il en résulte un bénéfice net de 48 fr. par tonne de minerai traité.

L'exploitation de cette mine est donc une bonne affaire maintenant.

La mine d'Antronapiana se trouve dans le voisinage de toutes ces mines aurifères, et participera à leurs avantages, lorsque l'exploitation en sera régularisée. Elle a, de plus, le mérite que la pyrite ne contient pas de fer, mais bien du cuivre exempt d'arsenic, et que l'or étant en quantité déjà remarquable dans le minerai, c'est-à-dire de 3 grammes par 100 kilogrammes de minerai, pourra être facilement obtenu par la méthode privilégiée pour le traitement des minerais de cuivre, nickel et or.

Mines de Manganèse.

C'est encore dans la vallée d'Aosta, et précisément dans les hauteurs qui la dominent, que se trouve le banc manganésifère le plus riche et le plus remarquable de l'Italie.

Toutefois, la situation élevée de cette mine ne permet d'y travailler que pendant quatre mois de l'année.

Le minerai contient environ 80 pour cent de

peroxyde de manganèse; il peut donc figurer parmi les plus riches et les plus propres à la fabrication du chlore. Le prix de vente à Ivrea est de 75 fr. par tonne.

Dans la Toscane et la Ligurie orientale, il y a aussi des bancs fort considérables de manganèse.

La mine de Framura se trouve sur le versant méridional du contre-fort qui sépare la vallée de l'Orso de celle de Robuasco. Elle fournit deux qualités de minerai, l'un contenant 66 et l'autre 54 0/0 de bioxyde de manganèse. On l'embarque à Auzo, petit port à deux kilomètres de la mine, et on l'expédie à Marseille où on le paie 110 francs par tonne pour la première qualité et 80 francs pour la seconde; ce qui laisse un bénéfice moyen de 40 francs par tonne de minerai.

La quantité extraite annuellement est de 1000 tonnes.

Dans les montagnes qui dominent le golfe de Spezzia se trouvent des gisements de très-beau minerai de manganèse, notamment à Rocchetta.

Cette mine pourrait être développée avec avantage.

Il y a d'autres mines de manganèse, telles que celles de Pignone, d'Arcola, de Trebbiaco, de Camaiore, dans des montagnes à l'entour de Livourne, de Rascolano, de Montepulciano, qui sont plus ou moins bonnes, mais qui pourraient être utilisées par une exploitation bien dirigée.

En Sardaigne, il y a la mine de Caporosso, qui contient un minerai renfermant 50 pour 0/0 de bioxyde de manganèse; il y a celles de Padria et de Sas-Covas, près de Bosa, qui appartiennent à la Société industrielle et agricole de la Sardaigne, et d'autres plus importantes encore.

Mines de Soufre

La Sicile et les Romagnes sont les deux parties de l'Italie où la nature a placé les gisements de soufre avec le plus d'abondance.

En Sicile, la production du soufre qui en 1830, était de 30 mille quintaux, est aujourd'hui de un million et demi de quintaux, représentant une valeur de dix-huit millions de francs. Sur cette somme, il y a environ huit millions de bénéfices nets.

La France, l'Angleterre, la Hollande, la Norwège, la Confédération Germanique et les États-Unis d'Amérique sont les principaux pays de consommation du soufre, et à ce propos, il faut rappeler l'axiome posé par le célèbre professeur Payen, du Conservatoire des arts et métiers de Paris, à savoir : « *Que le degré de développement industriel d'une nation s'apprécie par la quantité d'acide sulfurique qu'elle emploie.* »

Effectivement, l'Angleterre importe à elle seule 650,000 quintaux métriques de soufre de Sicile. Les mines de la Romagne fournissent le soufre raffiné à l'Autriche et à la Grèce. Le prix de vente varie de 21 à 25 francs par quintal.

Il y a en Sicile plus de 700 exploitations différentes, mais seulement 50 ont une réelle importance.

En Romagne, les mines de soufre sont au nombre de 12 et les 8 principales appartiennent à la Société Bolonaise dite de la Perticara.

Le mode de traitement du minerai laisse beaucoup à désirer et de grands perfectionnements pourraient y être introduis.

Acide sulfurique.

Une des nécessités de l'Italie étant de fabriquer beaucoup d'acide sulfurique et un des buts de la Société de Crédit minier devant être d'aider à cette fabrication, elle aura à faire étudier avec le plus grand soin cette question de production de l'acide sulfurique, soit au moyen de la distillation du soufre, soit par le traitement des pyrites soumises à une méthode différente de celle employée par MM. les frères Sclopis.

Combustibles fossiles

Le charbon fossile peut exister en Italie, mais jusqu'à présent on n'en a pas trouvé qui ait le caractère de la houille telle qu'on la trouve en Angleterre, à Newcastle ou à Mons en Belgique.

Il convient donc de ne parler que de l'anthracite et du lignite.

Anthracite.

L'anthracite qui se trouve dans la vallée

d'Aoste offre un combustible peu désirable et on en vend peu.

Au contraire, on fait un assez grand commerce des lignites de Sarsanello, Cadibona, Monte-bamboli et Tatti. Dans la province de Bergame, il y a les lignites tourbeux de Leffe, dans le val Gandino, dont on fait une vente annuelle d'environ 10,000 tonnes. Mais la mine la plus remarquable de ce genre est celle que possède la maison Franel et Cᵉ, à Sarzanella, et qui produit 2000 tonnes de combustible par mois. *Lignites.*

Quant à la tourbe, on en extrait environ 50,000 tonnes dans toute l'Italie ; mais grâce au perfectionnement des moyens employés pour préparer et purifier ce combustible, les tour-bières sont appelées à prendre une grande importance, tout-à-fait digne de l'attention de la Société générale en projet. *Tourbe.*

On ne doit point terminer cet aperçu sur les richesses minéralogiques de l'Italie sans insister sur la nécessité d'adopter la méthode privilégiée dont la haute importance scientifique et industrielle a été caractérisée par M. le professeur de chimie Valérico Cauda, comme pouvant rendre les plus grands services au pays et enrichir toute Société assez bien organisée pour l'exploiter sur des bases suffisantes. *Méthode privilégiée.*

L'évaluation de ses avantages est facile.

Effectivement le minerai étant traité en Italie et même sur les lieux de production, au lieu d'être exporté, il y a l'économie de tous les frais de transport en Angleterre, de tous ceux de provision aux courtiers, de la perte de 5 0/0 qu'il faut subir au profit de l'acheteur, du déchet qui se fait dans les divers transbordements ; puis il y a le gain de tout l'or qui existe dans les minerais et dont l'acheteur étranger ne tient nul compte au producteur ; enfin, il y a l'immense utilité de pouvoir tirer parti des minerais de cuivre, trop pauvres pour être exportés et qui, jusqu'aujourd'hui, ont été extraits en pure perte par les mineurs.

Ces avantages appliqués aux mines dont la Société générale de Crédit minier deviendrait propriétaire, suivant les idées émises ci-dessus, représentent une importance de plus de cent mille francs par an.

Le capital social est plus que suffisant pour donner aux exploitations dignes d'être favorisées l'impulsion la plus grande pour aider à construire les établissements nécessaires et pour donner à l'industrie des mines en Italie les développements qu'elle réclame, afin qu'elle devienne entièrement indépendante de l'étranger.

Industrie sidérurgique en Italie

Cette branche si importante de la métallurgie de toutes les nations est sinon à créer, du moins à raviver et à réorganiser en Italie. Elle a occupé tous ces temps derniers les esprits les plus distingués qui ont fait connaître par la voie de la presse leurs appréciations de cette question très compliquée. Mais jusqu'à présent, la solution du problème n'a pas été trouvée parce que personne ne s'est livré à la rechercher en la classifiant, c'est-à-dire en la soumettant à une subdivision territoriale, suivant les conditions de la production et les besoins de la consommation du fer en Italie.

Nous nous réservons de donner en temps et lieu notre humble opinion à ce sujet, lorsqu'elle nous sera demandée, en nous appuyant sur les études des savants qui ont soigneusement préparé la besogne, sans arriver toutefois à des conclusions rigoureuses, chose indispensable dès qu'il s'agit de traiter une question industrielle au point de vue pratique et commercial.

Mines de l'ancien royaume de Naples.

Un aperçu indiquant les principaux gîtes métallifères existant dans les Calabres a été déjà remis aux premiers promoteurs de la Société de Crédit minier en Italie.

Il sera indispensable de faire étudier avec le plus grand soin le moyen de tirer parti de mines fort riches et dont l'exploitation peut se faire dès que l'on dotera le pays d'usines de réduction locales, organisées d'après le système précité.

Quant aux bénéfices nets à répartir entre les actionnaires de la Société du Crédit minier, on voit qu'ils seront très considérables si la Direction procède sous les inspirations de la prudence et de la sagesse qui appartiennent au caractère de ses administrateurs.

Enfin, il est bon de faire observer que la Société générale du Crédit minier n'est point destinée à faire des opérations à découvert et que les garanties qu'elle exigera ne l'exposent nullement aux conséquences des conditions politiques ou des embarras financiers de l'Italie.

Marseille, le 16 novembre 1869.

C. de SECQUEVILLE ✳

Ancien Ingénieur civil pour les mines,
Membre de la Société Géologique de France, etc.

Le Rapport qui précède est présenté par le soussigné, l'un des promoteurs de la Société Générale de Crédit Minier en Italie, déjà approuvée en principe par M. le Commandeur Quintino Sella, président du Conseil des Mines en Italie, ancien Ministre des Finances.

Lucien FONDARD.